OBSÈQUES

DU PROFESSEUR

ULYSSE TRÉLAT

31 MARS 1890

PARIS

—

1890

OBSÈQUES

DU PROFESSEUR

ULYSSE TRÉLAT

OBSÈQUES

DU PROFESSEUR

ULYSSE TRÉLAT

31 MARS 1890

PARIS

BUREAUX DU PROGRÈS MÉDICAL

14, RUE DES CARMES, 14

1890

ULYSSE TRÉLAT

1828 — 1890

Professeur de clinique chirurgicale à la Faculté de médecine de Paris.

Chirurgien des hôpitaux.

Ancien chirurgien en chef de la 5ᵉ ambulᶜᵉ de campᵉ), guerre de 1870-71.

Ancien Président de l'Académie de médecine.

Ancien Président de la Société de chirurgie.

Membre du Conseil supérieur de l'Assistance publique.

Membre du Comité consultatif de l'Enseignement public.

Membre du Conseil d'hygiène et de salubrité du département de la Seine

Ancien Président de la Société de médecine publique.

Médecin-chirurgien du conseil d'Etat.

Chirurgien consultant des maisons d'éducation de la Légion d'honneur.

Ancien membre de la Société de médecine légale.

Membre honoraire de la Société impériale de médecine et du Syllogue philologique grec de Constantinople.

Etc., etc.

Commandeur de la Légion d'honneur.

Officier de l'Instruction publique.

Commandeur de l'ordre du Medjidié et de l'ordre du Sauveur de Grèce.

LE PROFESSEUR ULYSSE TRÉLAT

(*Extrait* du *Progrès médical*.)

M. le Dr Ulysse TRÉLAT, professeur de clinique chirurgicale à la Faculté de médecine, ancien président de la Société de chirurgie et de l'Académie de médecine, commandeur de la Légion d'honneur, est mort vendredi dernier 28 mars, à 2 heures 1/2 du matin. Bien que sa santé fût chancelante depuis quelques semaines déjà, rien ne laissait présager une fin aussi prompte. Cet éminent maître, frappé de la façon la plus imprévue, a été enlevé, en quelques jours, par des accidents bronchopneumoniques infectieux d'une violence inouïe.

L'École de médecine de Paris fait une perte immense en Ulysse Trélat ; c'était son chirurgien le plus autorisé, un orateur de premier ordre. Si d'autres pouvaient lui disputer la première place sur le terrain de la science pure, il était, de l'avis de tous, le plus brillant et le plus sûr des opérateurs actuels de notre Faculté. C'est que le nom de Trélat restera attaché à la plus grande découverte de ce siècle si fécond, à l'avènement, enfin définitif, des doctrines aseptiques en chirurgie. C'est que son nom évoquera toujours le souvenir du professeur idéal, à la parole facile, vive, chaude, entraînante.

Comme l'ont dit tous ceux qui, sur sa tombe, parlèrent lundi dernier, au nom de ses collègues, de ses élèves ou de ses amis, la mort vient de foudroyer un de nos maîtres les plus aimés, « en pleine force, en pleine gloire, à cette heure de la vie où l'homme de science a le droit de se sentir fier de la tâche accomplie ». Cette catastrophe sera vivement ressentie par tous ceux qui, en France, s'intéressent aux progrès de la vraie chirurgie.

Ulysse Trélat naquit à Paris, le 13 août 1828 et suivit, comme son père, la carrière médicale. Fils d'un homme d'un mérite reconnu, le Dr Trélat, médecin de la Salpêtrière, libéral convaincu et vieux républicain, qui fut quelque temps ministre des travaux publics en 1848 et l'auteur de sérieuses réformes, notre ancien et cher maître sachant que noblesse oblige se voua de bonne heure aux concours. Il éprouva, tout jeune encore, les satisfactions que peut procurer un succès bien mérité par un labeur opiniâtre, au service d'une magnifique intelligence.

Interne des hôpitaux en 1849, après deux années d'externat, médaille d'argent du choléra pendant son passage à la Salpêtrière, lauréat des hôpitaux et aide d'anatomie en 1853, Trélat passait sa thèse en 1854 (*Des fractures de l'extrémité inférieure du fémur*). Puis, sous l'impulsion d'une judicieuse direction, il conquit très facilement tous ses titres universitaires. Prosecteur en 1856, il était nommé, l'année suivante, à l'âge de 28 ans, agrégé en chirurgie à la Faculté de médecine de Paris. Sa thèse d'agrégation, sur la *Nécrose par le phosphore*, fit sensation : jusqu'à cette époque la question n'avait jamais été étudiée dans son ensemble. Trélat, dans ce travail, se révéla tout entier : avec son esprit précis et méthodique si remarquable, il fit la lumière sur ce point.

Il ne fut reçu au concours du Bureau central de chirurgie que trois ans plus tard, en 1860. En 1864, il était nommé membre de la Société de chirurgie. D'abord chirurgien de la Maternité (1864), il passa à Saint-Antoine en 1867, à Saint

Louis en 1868; à la Pitié en 1869, à la Charité en 1872. Sa nomination comme professeur de pathologie chirurgicale à la Faculté, remonte au 24 juin 1872 ; il avait quarante-trois ans. Deux ans après, le 20 janvier 1874, il était élu membre de l'Académie de médecine. De 1853 jusqu'à la veille de sa mort, le Dr Trélat n'a pas cessé d'enseigner. Chargé d'abord comme agrégé à l'Ecole pratique du cours d'anatomie (1853-1857), il fit aussi des leçons publiques sur la chirurgie de 1859 à 1861. Dès son entrée comme titulaire dans les hôpitaux, il commença des conférences de clinique chirurgicale ; à ses leçons se pressèrent de nombreux élèves dans les amphithéâtres de Saint-Louis et de la Pitié. Trélat fit en outre à la Faculté un cours complémentaire d'ophtalmologie (1869-1870), un cours d'hygiène à l'Ecole centrale d'architecture (1866-1869), etc. Le succès de son enseignement comme professeur de clinique à l'hôpital Necker et à la Charité ne s'est jamais démenti.

Trélat, en dehors de ses occupations professionnelles, s'intéressa vivement aux questions de l'ordre le plus général, à l'Hygiène en particulier, et, ce qui est plus rare, aux questions d'Assistance publique si importantes au point de vue social. C'est ainsi qu'il fut membre de la Société de médecine publique qu'il présida en 1885, membre du Conseil supérieur de l'Assistance publique et du Conseil d'hygiène et de salubrité de la Seine, de la Société d'anthropologie, etc. Il sortait volontiers des frontières de la science où il s'était spécialisé.

Entre temps, pendant la guerre néfaste de 1870, il remplissait les fonctions de chirurgien en chef de la cinquième ambulance de la Société de secours aux blessés. Il assistait à nos désastres sur les champs de bataille et soignait un nombre considérable de blessés. Ces souvenirs, d'autres faits encore prouvent que « le sang du vieux savant réformateur et républicain qui coulait dans ses veines, avait placé dans son culte l'image de la patrie et en avait fait un libéral convaincu ».

Parisien de franche lignée, Trélat fut autant un artiste qu'un savant. Doué d'une extrême facilité d'élocution, il parlait bien et aimait à parler. Son tempérament, plein de contrastes et d'imprévu, qui étonnait tout le monde dans les doctes assemblées où il venait s'asseoir, l'a dominé pendant toute sa carrière.

Vulgarisateur de premier ordre, il tenait, dans ses conférences, son auditoire sous le charme, à l'aide de cette parole saccadée, mais spirituelle et vivement imagée, que nous avons tous entendue. Il semblait causer. Trélat se prodigua dans les diverses sociétés dont il fit partie. Pas une discussion n'éclatait, surtout à Société de chirurgie, qu'il ne la suivit avec une attention soutenue. Au moment où on la croyait close, en quelques phrases qui coulaient limpides comme l'eau de roche, en quelques mots choisis, avec l'originalité la plus puissante et la plus étonnante, en un éclair, il avait tout saisi et résumait en une formule un débat de deux heures.

D'autres ont dit sur sa tombe, dans un langage élevé, que la chirurgie française perd en lui une organisation puissante qui, « sous des dehors sévères, cachait un homme d'une vivacité et d'une ardeur toutes juvéniles ». Ajoutons que ceux-là mêmes qui n'étaient pas de son avis ont toujours rendu un public hommage à la sincérité de ses convictions et à son beau caractère.

Mais si Trélat brilla par ses qualités d'orateur, il n'en reste pas moins, pour nous médecins, un observateur sagace, un clinicien d'un grand sens critique, habile à discerner les indications de l'intervention, fort sur le diagnostic, un opérateur hardi mais prudent, un chirurgien qui a eu le courage, malgré ses occupations multiples, de se tenir au courant des progrès gigantesques de la science et de l'art qu'il cultiva. Le seul de tous les chirurgiens de sa génération,

le seul des professeurs de la Faculté de médecine de Paris,
il a réellement compris, au lever de l'aurore, quel grand
jour allait répandre sur la chirurgie tout entière l'astre nais-
sant de Lister et de ses élèves en France. Trélat, pour cet
éclair de génie, a droit à toute la reconnaissance de ceux qui
ont combattu, les premiers chez nous, pour l'avènement et le
triomphe des méthodes modernes. C'est grâce à sa haute et
légitime influence que ces chirurgiens ont pu lutter et vain-
cre. Ils perdent en Trélat leur plus solide appui, un défenseur
convaincu, un de leurs plus chauds partisans : ils ne l'oublie-
ront jamais.

Nous n'avons pas l'intention d'énumérer ici les principales
publications du professeur que le *Progrès médical* eut le
grand honneur de compter jusqu'à hier au nombre de ses
plus fidèles collaborateurs, qu'il nous suffise de rappeler en
terminant ses communications aux Sociétés savantes sur la
staphylorrhaphie, l'uranoplastie, les autoplasties de la face,
l'œsophagotomie interne, la tuberculose linguale, etc., sujets
qu'il possédait à fond. Ses leçons cliniques de Necker et de la
Charité, publiées par ses élèves, sont éparses çà et là dans la
littérature; quelques-unes, des plus anciennes, ont été réunies
en un volume intitulé *Leçons de clinique chirurgicale* (1875-76),
lorsqu'il n'était encore que professeur de pathologie.

Mais en outre Trélat a laissé une quantité considérable
d'observations, de notes, de leçons de clinique rédigées, en un
mot des éléments plus que suffisants pour qu'on puisse en
former un ouvrage s'étendant à toutes les branches de la chirurgie qu'il a enseignée. Ses élèves chéris, ceux-là mêmes qui
jusqu'au dernier moment l'ont entouré, se sont mis à la tâche,
ils travaillent à l'heure qu'il est à réunir tous ces documents
et à livrer ainsi au monde de la chirurgie le testament du
savant français dont nous pleurons la perte.

L'œuvre de cet homme remarquable ne sera donc pas perdue, pour ceux qui ont eu le privilège d'assister à son enseignement et qui pourront ainsi le retrouver ; et pour les chirurgiens de l'avenir qui apprendront à connaître le Maître estimé et aimé de ses collègues et de ses élèves.

MARCEL BAUDOUIN.

OBSÈQUES

DE

M. LE PROFESSEUR ULYSSE TRÉLAT

M. le professeur Trélat est mort à Paris le 28 mars 1890, à l'âge de soixante et un ans et demi, enlevé en cinq jours par une pneumonie.

Ses obsèques ont eu lieu le lundi 31 mars à 10 heures, rue de l'Arcade, 18, au milieu d'une assistance considérable. De nombreuses couronnes, envoyées par ses amis, par ses collègues et ses élèves, par le personnel de son service à l'hôpital de la Charité, par la plupart des sociétés savantes auxquelles il appartenait, par l'Union des Femmes de France, les délégués des médecins ottomans, etc..., recouvraient le char funèbre.

Les honneurs militaires étaient rendus par un bataillon du 131ᵉ de ligne.

Les cordons du poêle étaient tenus par MM. le professeur Brouardel, doyen de la Faculté de médecine ; le Dʳ Moutard-Martin, président de l'Académie de médecine ; le Dʳ Terrier, président de la Société de chirurgie ; M. Gréard, vice-recteur de l'Académie de Paris ; le Dʳ Millard, médecin des hôpitaux, et M. Jules Ferry, ami du professeur Trélat.

Les infirmières de l'hôpital de la Charité, placées sur deux files, escortaient le char, derrière lequel marchait la famille, représentée par MM. Marcel Trélat, René Madier, Émile Trélat, Léon Molinos et Gaston Trélat, les fils, gendre, frère, beau-frère et neveu du défunt.

La plupart des membres de la Faculté de médecine en robe, les membres de l'Académie de médecine, de la Société de chirurgie, de la Société de médecine publique, les internes de l'hôpital de la Charité, les anciens élèves de M. Trélat, une délégation des médecins ottomans, une délégation de l'Association des Étudiants de Paris, suivaient le cortège en corps.

Le général Brugère, et les membres de la maison militaire de l'Élysée, les ministres : MM. Rouvier, Ribot et Fallières, M. Spuller, M. Floquet, MM. Poubelle et Lozé, M. Laferrière, vice-président du conseil d'État, M. Denormandie, président du Comptoir d'escompte, un très grand nombre d'hommes politiques, de savants, d'hommes de lettres, d'artistes, se sont joints aux amis qui sont venus rendre un dernier hommage à l'illustre mort.

A l'église de la Madeleine, où a eu lieu le service religieux, M. Widor tenait le grand orgue, M. Talazac a chanté le *Pie Jesu*. Le cortège s'est ensuite rendu au cimetière Montmartre, où, sur le bord de la tombe, des discours ont été prononcés par M. le professeur Tarnier, au nom de la Faculté de médecine ; M. le Dr Péan, au nom de l'Académie de médecine ; M. le Dr Terrier, au nom de la Société de chirurgie ; M. le Dr Napias, au nom de la Société de médecine publique ; M. Yungfleisch, au nom du Conseil d'hygiène et de salubrité du département de la Seine ; M. le Dr Segond, au nom des anciens élèves, M. Elmassian, au nom de la délégation des médecins ottomans ; enfin, M. Jules Ferry, comme ami personnel du défunt.

DISCOURS DE M. LE PROFESSEUR TARNIER

Messieurs,

Une douloureuse nouvelle se répandait dans Paris vendredi matin : le professeur Trélat venait de mourir d'une pneumonie. — Quel terrible coup pour sa famille! Quels regrets pour ses amis et ses élèves! Quelle perte pour la Faculté de médecine, qui m'a chargé de dire un suprême adieu à notre éminent collègue!

Ulysse Trélat naquit à Paris le 13 août 1828. — Son père était médecin à la Salpêtrière, où il était bien connu par son intégrité et sa modestie; mais son profond attachement aux idées républicaines avait attiré sur lui l'attention publique: aussi devint-il plus tard, en 1848, ministre des travaux publics pendant quelques mois.

Bachelier à seize ans, Ulysse Trélat se voua immédiatement aux études médicales. D'une intelligence exceptionnelle, il était, après un brillant concours, nommé interne des hôpitaux malgré son extrême jeunesse : il avait, en effet, vingt ans seulement. En 1854, il obtint son diplôme de docteur en médecine, après avoir soutenu, sur les *fractures de l'extrémité inférieure du fémur*, une thèse qui est partout citée.

En 1856, il était prosecteur, puis agrégé en 1857. C'est pendant son concours d'agrégation qu'il rédigea une thèse remarquable sur la *Nécrose phosphorée*.

Quel exemple, parmi tant d'autres, pour nous faire regretter la suppression de la thèse d'agrégation dans les concours actuels! Sans l'obligation de cette épreuve, le travail de Trélat sur la nécrose phosphorée n'aurait jamais paru, et cependant ce fut cette thèse qui fut invoquée comme établissant la preuve des dangers du phosphore blanc, lorque la Chambre des députés discuta la loi sur la fabrication des allumettes chimiques.

En 1860, il fut nommé chirurgien du Bureau central des Hôpitaux. En 1864, il devint le chirurgien en chef de la Maternité, où je devais le remplacer en 1867, car ses goûts l'entraînaient vers l'étude de la chirurgie proprement dite, et après avoir quitté la Maternité, il fut successivement le chirurgien de l'hôpital Saint-Antoine, de l'hôpital Saint-Louis, de l'hôpital de la Pitié.

Lorsque la guerre de 1870 éclata, Trélat avait trop de générosité et de patriotisme pour ne pas aller affronter le danger, afin de porter secours à nos soldats. Le 28 août, il partit à la tête de la 5ᵉ ambulance internationale, et ne rentra à Paris qu'au mois de février 1871, après avoir assisté aux batailles de Sedan et d'Orléans. Pendant les six mois qu'il avait dirigé son ambulance, il s'était multiplié tantôt comme chirurgien, tantôt comme organisateur. Là, comme partout, il se montra homme de devoir et se fit aimer par sa bonté pour nos malheureux blessés.

En 1872, il fut coup sur coup nommé chirurgien de la Charité et professeur de pathologie externe. Il occupa sa chaire de théorie pendant huit ans; il devint ensuite professeur de clinique chirurgicale d'abord à Necker, puis à la Charité.

Depuis l'année 1864 il était membre de la Société de chirurgie, dont il fut président huit ans plus tard. — En 1874, il entrait à l'Académie de médecine; il en fut le président en 1886. — L'année dernière enfin, il était nommé commandeur de la Légion d'honneur.

Tout semblait lui sourire. Il avait le bonheur d'avoir pour compagne de sa vie une femme d'élite, fière des succès de son mari, dont elle partageait les goûts artistiques. Tous deux aimaient, en effet, les beaux-arts et particulièrement la musique. C'est près d'elle et de ses deux enfants, son fils et sa fille, qu'il prenait les courts instants de repos qu'il dérobait au labeur. Hélas! quelques jours de maladie ont suffi pour anéantir à jamais tant de joies. Il aura eu du moins la consolation d'avoir été entouré, jusqu'à son dernier soupir, par ceux qu'il aimait le plus, sa femme, ses enfants, son frère, ses amis intimes et ses élèves de prédilection.

Mes collègues de l'Académie de médecine et de la Société de chirurgie vous diront quels furent ses principaux travaux; c'est donc à un autre point de vue que je veux vous parler encore de lui.

Toute sa vie il eut horreur de la banalité. Il n'aimait que ce qui est beau et vrai. Tous ses efforts avaient le progrès pour but; il aurait voulu s'avancer sans relâche vers une perfection idéale. — Son intelligence était si vive et sa puissance d'assimilation si grande, que ses connaissances paraissaient universelles, et nous avons tous souvent admiré la perspicacité et la merveilleuse intuition avec lesquelles il abordait les problèmes les plus ardus de la chirurgie, de l'hygiène et de l'administration.

À l'hôpital, il interrogeait et examinait ses malades avec une admirable sagacité. Il expertisait, pour ainsi dire, tous les symptômes. En cas de doute, il suspendait son jugement, réfléchissait quelquefois pendant plusieurs jours, renouvelait et complétait ses investigations, imitant en cela l'exemple de son ancien maitre Nélaton.

Aussi quand il formulait un diagnostic, celui-ci était-il précis. C'est alors seulement qu'il se croyait en droit d'entreprendre le traitement. Toute opération faite sans diagnostic préalable bien net, lui paraissait presque toujours coupable. Sous ce rapport, il était resté fidèle aux belles et bonnes traditions de la chirurgie française. C'était d'ailleurs un merveilleux opérateur.

La qualité maitresse du professeur Trélat était l'éloquence. C'était un orateur de premier ordre, mais d'une façon particulière, originale et prime-sautière. Il se souciait peu d'arrondir ses phrases ; mais sa parole était persuasive, chaude et entrainante. Il trouvait toujours l'expression la plus juste, celle qui convenait toujours le mieux pour bien rendre ses idées. Le plus souvent il avait, il est vrai, longtemps médité le sujet de ses leçons, mais il en improvisait toujours la forme. Aussi tout en parlant avec feu, il dominait son sujet. Ses descriptions étaient simples, admirablement claires et vivifiées par des comparaisons et des images presque toujours aussi heureuses qu'inattendues. Par l'extrême mobilité de son visage et par des gestes expressifs, il donnait, pour ainsi dire, un corps à sa pensée. Son auditoire était bientôt captivé : on l'écoutait, on était convaincu, on l'applaudissait. Il faisait profiter ses élèves de toutes les richesses de sa longue expérience, et jetait à profusion dans leur esprit les germes du progrès, comme un laboureur qui répandrait dans les champs de ses enfants la graine qui portera fruit plus tard.

Dans ses entretiens familiers, il apportait un entrain qui charmait tous ceux qui l'entendaient. Quel inimitable causeur ! Que de boutades !

D'une grande vivacité de caractère et d'une franchise non moins grande, souvent il admonestait ses internes et réprimandait ses subordonnés ou ses malades, mais admonestations et réprimandes étaient tempérées par une bonté si naturelle qu'elles étaient toujours acceptées sans amertume. Aussi était-il adoré de ses élèves, qui avaient pour lui autant d'admiration que de déférence. Il n'aurait d'ailleurs pas supporté un manque d'égards et savait commander le respect.

A l'Académie de médecine, à la Société de chirurgie, dans les conseils de la Faculté, chaque fois qu'il demandait la parole, on savourait d'avance le plaisir qu'on éprouverait en l'écoutant. Il éclairait la question en litige avec une **étonnante** lucidité, sans jamais tomber dans des détails inutiles. Il vivifiait toutes les discussions. La portée et la sûreté de son jugement lui avaient donné une légitime autorité, aussi bien dans les consultations de la ville que dans les salles de l'hôpital et dans les assemblées scientifiques.

Dans un banquet qui lui fut offert à propos de sa croix de commandeur, son ami d'enfance, notre collègue Millard, lui disait très justement en le félicitant : « Pour moi, je tiens simplement à proclamer que cette autorité maîtresse tu la dois, non pas seulement à l'étude et à la connaissance approfondie de toutes les questions, petites ou grandes, que tu abordes, ni à ta compétence indiscutable, mais aussi à ta réputation d'intégrité et de justice, à ta parfaite sincérité, à la droiture et à l'élévation de ton caractère, à ton absolue probité scientifique et professionnelle. »

Je dirai à mon tour : Reposez en paix dans votre tombe, cher collègue ! Votre vie a été bien remplie ; vous avez été un homme de bien, un chirurgien de premier ordre, un professeur d'une éloquence incomparable ; jusqu'à votre dernière heure vous avez recherché avec passion la vérité et le progrès ; vous aviez un cœur généreux et une grande bonté ; vous avez été l'honneur de votre profession et de la Faculté de médecine ; vous laissez derrière vous d'unanimes regrets. Vos amis, vos élèves, vos confrères, vos collègues garderont donc de vous un souvenir impérissable

Nous étions, mon cher Trélat, du même âge et liés depuis de longues années par une sincère amitié ; aussi, est-ce avec une poignante émotion que je vous adresse, au nom de tous vos collègues, un dernier et éternel adieu.

DISCOURS DE M. LE Dr PÉAN

MESSIEURS,

Lorsque, il y a six mois à peine, je parlais, au nom de l'Académie de médecine, sur la tombe de l'un des membres de la section de pathologie chirurgicale, j'espérais bien que ce triste honneur ne me reviendrait pas de sitôt ; mais la mort semble prendre plaisir à déjouer nos prévisions. Après le doyen des chirurgiens de Paris, elle frappe un de nos confrères en pleine activité, en pleine maturité de son talent. Trélat a été enlevé brutalement à l'affection des siens, à ses travaux, à son enseignement, lorsque tout permettait d'espérer qu'il pourrait leur consacrer de longues années encore ; il est difficile, en présence de pareilles catastrophes, de n'être pas frappé d'un étonnement douloureux et, découragé, de ne pas répéter avec un orateur sacré : « Tout est vanité. »

Trélat eut de bonne heure les satisfactions que procure un succès mérité. Plus heureux que beaucoup d'autres, il ne connut pas les incertitudes et les tâtonnements du début des études professionnelles ; avant même d'être inscrit à la Faculté, il appartenait en quelque sorte à la famille médicale ; personne ne profita mieux que lui des bienfaits d'une direction judicieuse. Dans sa carrière, il conquit très vite les grades et les distinctions auxquels d'autres, moins bien préparés pour la lutte, n'arrivent qu'à force de persévérance. Agrégé de la Faculté en 1857, à l'âge de vingt-huit ans, il devint, trois ans plus tard, chirurgien des hôpitaux ; à quarante-trois ans il était professeur ; à quarante-cinq, membre de l'Académie de médecine. Ses élèves diront quel art, quelle clarté il apportait dans ses leçons : pour celles qui ont été publiées, il a choisi à dessein des sujets de pratique courante relatifs aux différentes parties de la chirurgie, mais, toujours et dans toutes, il a trouvé moyen de fixer un point controversé, d'élucider une question mal connue, de donner un fil conducteur au praticien obligé de s'orienter dans le choix d'une méthode ou la discussion d'un diagnostic. Ce fut surtout dans les sociétés savantes qu'il fit preuve de solides qualités. Si des mains pieuses s'occupent un jour de réunir et de publier son œuvre, c'est dans les bulletins et les mémoires de la Société de chirurgie, dans ceux de l'Académie qu'elles devront recueillir d'abord des matériaux. A la Société de chirurgie, il fit ses remarquables communications sur la staphylorrhaphie, la palatoplastie, la restauration de la face, la cheiloplastie.

Trélat n'aimait guère à écrire, les travaux de longue haleine portant son nom sont peu nombreux ; mais il y avait peu de discussions à l'Académie auxquelles il ne prit pas une part active ; il avait un tact remarquable pour saisir les points litigieux d'un débat, pour le résumer et arriver aux conclusions. Esprit ouvert à tous les progrès, bienveillant pour toutes les découvertes, critique aussi éloigné de la défiance systématique que de l'enthousiasme crédule, il écoutait tout, ne rejetait rien *a priori* et discernait souvent sans hésitation ce qui était utile et méritait d'être conservé. Ceux qui, comme lui, joignent à d'heureuses aptitudes professionnelles la sûreté de jugement, le brillant de l'exposition, la possession complète des moyens oratoires, entraînant les convictions, sont des guides fidèles et sûrs pour leurs contemporains.

Si profonds que soient les regrets laissés de tous côtés par Trélat, nulle part ils ne seront plus vifs qu'à l'Académie. Dans le mouvement général de la chirurgie, pendant la seconde moitié du xixᵉ siècle, son rôle fut actif et sa part sérieuse ; elle l'eût été davantage si l'implacable fatalité ne l'eût pas atteint lorsqu'il touchait à peine au seuil de la vieillesse, de telle sorte que la pensée de ce qu'il eût pu faire encore se mêle forcément à nos adieux et augmente leur tristesse.

DISCOURS DE M. LE Dʳ TERRIER

Messieurs,

C'est au nom de la Société de chirurgie que je viens dire un dernier adieu à l'un de ses membres les plus éminents, à l'un de mes maîtres les plus aimés.

Jusque dans nos dernières séances, le professeur Trélat a pris part à nos discussions, et tout récemment encore, déjà souffrant, il nous communiquait les résultats de son expérience sur certain traitement des maladies utérines.

Dans nos réunions, nul mieux que lui ne savait mettre en relief les points élucidés, indiquer les parties faibles, discuter les propositions contestables. Nul mieux que lui ne savait s'assimiler et résumer les questions si multiples soulevées au sein de notre société.

Doué d'une grande largeur d'esprit, le professeur Trélat acceptait de tout cœur le progrès d'où qu'il vienne.

Aussi donna-t-il son appui moral et effectif à la plupart des interventions chirurgicales, proposées et exécutées dans ces dernières années.

Toujours à la tête du mouvement chirurgical, il le modérait parfois, mais le plus souvent il le dirigeait, et sa vaste expérience, son diagnostic rigoureux, son habilité opératoire donnaient à son opinion un poids considérable.

Ses qualités de professeur, voire même d'orateur, connues et admirées de tous, lui permettaient d'exposer avec une extraordinaire lucidité et une richesse d'expression inusitée les questions les plus difficiles, les plus obscures, les plus discutées de la chirurgie.

Si l'on ajoute à cela la mimique dont il se servait volontiers pour convaincre ses auditeurs, on comprendra combien son concours incessant va manquer à notre Société.

Le professeur Trélat était aimé de tous ; si dans les discussions il apportait souvent une vivacité et une ardeur toutes juvéniles, ses collègues savaient que son but était la recherche de la vérité et rien autre. Aussi était-il toujours écouté avec une grande sympathie et un profond respect.

Messieurs, permettez à l'élève et à l'ami de dire que le professeur Trélat était profondément bon ; moi, qui l'ai suivi dans les jours de deuil de la patrie, au milieu des événements les plus terribles, j'ai toujours admiré son empressement à faire le bien et j'ajouterai aussi son pur patriotisme. C'est dans ces conditions exceptionnelles que nous nous sommes liés, et depuis, mon amitié pour lui n'a fait que grandir jusqu'au jour où la mort est venue la briser.

C'est qu'en effet, le professeur Trélat succombe comme le soldat sur le champ de bataille. Hier encore, avec sa grande puissance intellectuelle, il combattait pour le progrès de notre science et pour l'honneur de notre pays.

Aujourd'hui, il n'est plus, hélas ! mais il nous lègue son exemple à suivre, c'est-à-dire combattre pour le progrès et pour la patrie. Puissions-nous être assez heureux pour l'imiter.

Cher maitre, au nom de tous vos collègues de la Société de chirurgie, votre élève désolé vous dit un dernier adieu.

DISCOURS DE M. LE Dr NAPIAS

MESSIEURS,

Au nom de la *Société de Médecine publique et d'Hygiène profes-sionnelle*, j'ai le triste devoir de dire un dernier adieu à l'homme éminent qu'elle estimait et qu'elle aimait, qu'elle avait un jour mis à sa tête, et que maintenant elle à la douleur cruelle d'avoir perdu.

Il y a dix ans qu'Ulysse Trélat entra dans notre Société, mais il n'était pas pour l'hygiène un nouveau venu : « Je suis, disait-il « lui-même, un revenant ; souvenirs anciens et vénérés de l'édu- « cation paternelle, premiers travaux personnels sur de graves « questions d'hygiène publique et professionnelle, attraction fra- « ternelle, vif intérêt ; je devrais dire : passion pour l'améliora- « tion de notre race et le développement de notre puissance na- « tionale, c'étaient autant d'impulsions secrètes et vives qui « devaient me ramener parmi vous. »

Et, depuis lors, il prit à nos travaux une part souvent active et toujours féconde. Dans les discussions sur l'assainissement des villes, sur l'épuration des eaux d'égout par le sol, sur l'hygiène hospitalière, sur la trichinose, sur le choléra, nous ne saurions oublier qu'il nous apporta sa haute compétence, son sens critique avisé et si droit ; qu'il mit au service de toutes les questions d'hy-giène son inimitable parole, et que les discussions, dans lesquelles il intervenait à propos dès qu'il les voyait s'apetisser aux inutiles détails, s'élevaient tout à coup au souffle de son éloquence et s'élargissaient avec sa pensée.

Votre souvenir, cher maître, cher collègue, cher ami, restera parmi nous ; vous nous disiez un jour que la Médecine publique est l'une des bases les plus fermes de la science sociale : ça sera vous honorer que de continuer, dans la voie que vous indiquez ainsi, nos travaux et nos études ; et de faire que la Société, qui a eu l'honneur de vous avoir pour Président, soit à la hauteur de la tâche sociale que vous lui vouliez tracer.

DISCOURS DE M. JUNGFLEISCH

Messieurs.

Je viens au nom du Conseil d'hygiène et de salubrité du département de la Seine rendre un dernier hommage au collègue éminent dont tant de compagnies scientifiques déplorent aujourd'hui la perte.

On vient de vous rappeler l'importance de l'œuvre accomplie par M. Ulysse Trélat dans le développement des sciences médicales et dans leur enseignement. Permettez-moi d'ajouter quelques mots sur les services rendus par lui en défendant avec dévouement les intérêts sanitaires des habitants du département de la Seine.

M. Ulysse Trélat a été élu membre du Conseil d'hygiène en 1874 pour occuper la place de M. Beaude. Depuis cette époque, il a participé à la plupart des discussions qui se sont produites sur les grandes questions d'hygiène publique, qu'une population exceptionnellement dense et active impose presque constamment à l'attention du Conseil.

Son éloquence avait été dès le premier jour appréciée ainsi qu'elle devait l'être. Comment échapper, en effet, à la séduction d'un langage dans lequel la facilité s'unissait à l'élégance, la correction à l'originalité ? M. Ulysse Trélat possédait au plus haut degré l'art précieux de rendre attrayante la discussion la plus aride. Il mettait au service de son opinion une parole vivante et colorée qui imposait toujours l'attention et déterminait souvent la conviction.

Certaines questions, d'un intérêt capital, il est vrai, pour la santé publique, avaient plus particulièrement fixé son esprit. Je citerai en premier lieu i'étude des projets relatifs à l'épuration des eaux d'égout. C'est avec une conviction entraînante qu'il a poursuivi l'adoption des mesures votées depuis par le Parlement. Il n'a pas mis une moindre ardeur à appuyer les vœux, pendant si longtemps et à maintes reprises exprimés par le Conseil, de voir la population du département alimentée en eaux de source; sur ce point, en particulier, l'opinion unanime de ses collègues a trouvé souvent en lui un interprète éloquent et persuasif. Il devait dès lors compter parmi les adversaires les plus déclarés de l'emploi des eaux de rivière dans l'alimentation.

Depuis longtemps partisan des doctrines microbiennes, M. Trélat a suivi avec une attention soutenue les nombreuses études rapportées au Conseil sur les maladies contagieuses et, en particulier, sur les cas trop fréquents de rage humaine observés dans le département; il est intervenu activement dans le choix des mesures propres à diminuer les ravages du fléau.

La facilité avec laquelle notre éminent et regretté collègue trouvait l'expression exacte et limpide de sa pensée, son savoir étendu et surtout sa compétence spéciale incontestée nous ont rendu sa collaboration véritablement précieuse dans un ordre de travaux particulièrement délicats. Je veux parler de la rédaction, c'est-à-dire de la réduction en formules précises et susceptibles d'être comprises de tous, des instructions du Conseil d'hygiène et de salubrité sur les affections épidémiques et contagieuses. Les instructions relatives à la variole, à la rougeole, à la fièvre typhoïde au choléra, à la pustule maligne, à la rage, et d'autres encore, ont profité largement de son dévouement au bien public.

Sans m'étendre davantage ici sur la part prise par M. Trélat aux travaux du Conseil, je dirai seulement que l'ardeur montrée par lui en défendant l'opinion à laquelle il s'était arrêté comportait toujours un grand respect de ses adversaires d'un instant ; bien plus, la forme toujours aimable, souvent charmante, qu'il savait donner à sa discusion ne pouvait même que contribuer à développer l'estime et l'amitié qu'il avait su leur inspirer. Le coup qui vient de l'emporter est donc cruellement ressenti par tous ceux qui furent ses collègues au Conseil d'hygiène et de salubrité; c'est en exprimant leurs douloureux sentiments de regret pour ses talents et leur affectueux attachement pour sa personne que je dis en leur nom à Ulysse Trélat un dernier adieu.

DISCOURS DE M. LE Dr SEGOND

MAITRE BIEN-AIMÉ,

C'est au nom de vos disciples, au nom de vos élèves, que je viens vous apporter un suprême adieu et vous dire la douleur cruelle et profonde qui nous déchire le cœur. Oh ! oui, cruelle et profonde, telle est bien notre douleur, et pour nous, qui vous aimions d'amitié si fervente, rien ne pouvait être plus odieux, plus monstrueux que cette mort brutale et hideuse vous saisissant en pleine vie, en pleine gloire, pour vous arracher à nos admirations, à nos dévouements et à nos tendresses.

Et pourtant, maître cher, au milieu de notre détresse, il nous reste au cœur un sentiment qui nous réconforte et nous ranime, c'est notre foi profonde dans le rayonnement qui s'attachera toujours à votre grande mémoire. Vous-même, si vous nous voyez encore du haut des mondes inconnus vers lesquels votre grande âme s'est envolée, vous devez bien nous comprendre et vous réjouir de notre fierté.

Le vide, creusé par votre départ, est de ceux qui ne se comblent jamais. C'est lui qui donne la mesure de ce que vous valiez et des souvenirs impérissables qui vous survivront.

Professeur incomparable, opérateur merveilleux, clinicien aussi judicieux qu'avisé, vous résumiez en vous toutes ces grandes qualités de bon sens, de droiture et de pondération qui ont fait la gloire de la chirurgie française. Bref, vous étiez pour nous le maître, celui qu'on écoute, qu'on admire, qu'on respecte et qu'on aime ! — Mais ce n'est pas tout, et ceux-là qui se souviendraient seulement de votre dextérité opératoire, de votre éloquence pénétrante, de votre savoir profond, du soin jaloux que vous mettiez toujours à poursuivre le progrès comme la vérité, de vos aptitudes merveilleuses à synthétiser, éclaircir ou résumer les questions scientifiques les plus obscures, vous connaîtraient imparfaitement encore. Ils oublieraient que vous n'étiez pas seulement un grand chirurgien, et qu'il y avait en vous bien d'autres qualités de cœur et d'esprit faites pour attacher et séduire.

C'est qu'en effet toutes les sphères de la pensée vous étaient accessibles et, partout, on peut le dire, vous aviez le secret des hautes envolées. Votre intelligence vive et profonde rayonnait au loin comme un phare aux mille couleurs. Votre esprit original et souple savait éclairer d'un jour toujours personnel et lumineux les sujets les plus variés et les plus complexes. Votre cœur était toujours ouvert au beau, au grand et au bien, sous toutes leurs formes. Parlerai-je enfin de votre inexorable probité et de votre inflexible droiture morale ? Non. — Ces qualités premières étaient pour vous monnaie trop courante pour qu'il soit utile de les rappeler.

Voilà, cher bien-aimé maître, tout ce que vous valiez. Tous ceux qui ont des yeux pour voir et un cœur pour comprendre le savent, ils seront prêts toujours à le crier très haut et c'est pour cela qu'au milieu de notre douleur nous avons cette consolante pensée que le souvenir de votre personnalité si grande, si originale, si puissante, ne saurait jamais périr. — Sans doute, votre brusque départ ne vous a pas permis de fixer par vos écrits la totalité des progrès dont la chirurgie vous est redevable. — A chaque jour suffit sa tâche. Comme plus d'un maître à la clinique, vous laissiez envoler au jour le jour, au gré de vos cliniques, de vos causeries ou de vos discussions, tous les trésors de votre expérience et trop souvent peut-être la semence est allée germer au loin sans que la récolte vous soit revenue. — Mais, qu'importe ! vous étiez assez riche pour être prodigue, et votre grande influence n'en persistera pas moins vivante et féconde. — Dormez donc en paix, maître bien-aimé, les sillons tracés par des maîtres tels que vous sont trop profonds pour s'effacer jamais. Nous y marcherons à notre tour pour vous défendre et vous perpétuer. Votre bel héritage scientifique sera sauvegardé, et plus tard nous aurons enfin cette consolation précieuse de le transmettre intact à ceux qui nous suivront, afin qu'ils sachent bien, eux aussi, que la France a perdu en vous une des plus nobles, une des plus grandes figures chirurgicales de notre siècle.

DISCOURS DE M. ELMASSIAN

Messieurs,

Permettez-moi de faire entendre aussi ma faible voix dans ce concert de louanges et de regrets et d'apporter au nom de mes confrères, les médecins ottomans résidant à Paris, le tribut de reconnaissance et d'hommages respectueux que nous devons à cet illustre représentant de la science française.

Pour nous, ce n'est pas seulement un éminent professeur qui disparaît ; c'est une de ces nobles figures à laquelle nous portions un intérêt tout particulier, que nous nous étions habitués à considérer comme un ami de notre pays, je dirais volontiers comme un des nôtres, si je n'étais arrêté par le profond respect que j'éprouve devant l'autorité de son nom et le prestige de son talent.

Ce lien tout particulier qui nous unissait à lui et qui avait renforcé les rapports naturels et ordinaires d'un maître avec ses élèves et admirateurs, se rattache aux souvenirs de sa courte visite chez nous, sur les rives du Bosphore.

Il avait été accueilli dans notre pays hospitalier, et où le Français n'est pas un étranger, avec tous les honneurs et toute la sympathie dus à un savant français, et il avait répondu à nos manifestations cordiales selon nos désirs et de la façon la plus précieuse pour nous, en prenant la parole dans des conférences mémorables. Nous avons pu apprécier ses éminentes qualités, la clarté de son exposition, la précision de son langage, la sûreté de sa méthode.

C'est dans ces circonstances que nous l'avons connu, c'est-à-dire aimé. Depuis, nous suivions avec le plus vif intérêt ses travaux si brusquement et si cruellement interrompus, ses admirables leçons de clinique chirurgicale. Aussi, la triste nouvelle de sa mort prématurée a-t-elle causé une douloureuse surprise, excité de vifs et unanimes regrets dans notre corps médical qui ressent comme vous la grandeur de sa perte.

Moi-même, qui avais, hier encore, le bonheur précieux d'être son élève, je me trouve chargé du pénible devoir de me faire l'interprète des sentiments de mes compatriotes.

C'est donc ce triste honneur de parler sur votre tombe qui m'était échu. J'aurais voulu, pour vous glorifier et pour vous exprimer la profonde estime, l'affection respectueuse, la vive gratitude qui remplissent nos cœurs pour vous, un ciel moins gris que celui-ci.

Adieu, maître vénéré ; la mort impitoyable peut bien vous arracher à notre affection, mais elle ne pourra effacer de nos cœurs la fidélité à votre illustre mémoire, ni de nos esprits la trace de vos immortelles leçons.

DISCOURS DE M. JULES FERRY

MESSIEURS,

Il semble qu'il n'y ait rien à ajouter aux choses qui viennent d'être dites avec tant d'autorité sur le noble esprit qui dort là pour toujours. Les maîtres de la science ont parlé ; ils ont fait revivre, pour l'École de Paris, dont il était l'honneur, pour l'Europe savante, qui le jugeait à sa valeur, ses trente ans de lutte, ses travaux si précieux et si divers, d'enseignement infatigable. Permettez cependant à un ami, qui n'a d'autre titre, pour parler d'Ulysse Trélat, que de l'avoir tendrement aimé, de lui dire au nom de l'amitié, l'éternel adieu.

La mort, qui se fait un jouet de toutes choses, de la renommée, du bonheur et de l'espérance, apparaît ici particulièrement odieuse. Elle foudroie ce combattant, ce maître en pleine force, en pleine gloire. Il était à cette heure de la vie où l'homme de la science, contemplant les hauteurs qu'il a franchies, a le droit de songer non au repos, — les grands travailleurs ne se reposent que dans la tombe, — mais à l'honneur, et de se sentir fier de la tâche accomplie.

Il n'avait pendant longtemps connu de l'existence que les rudes labeurs ; la carrière pour les savants est un long combat. Sa nature inquiète, toujours en quête du mieux, lui avait refusé cette sereine philosophie qui n'attend de la vie que ce qu'elle peut donner ; lui, l'avait conquise et étreinte comme un lutteur. Il aimait la vie, et il en avait peu joui. Il la goûtait surtout par ce qu'elle a de noble, de grand, de délicat. Il n'en avait négligé que les côtés vulgaires ; les préoccupations matérielles, si puissantes chez le commun des hommes, n'entraient dans sa pensée qu'au rang secondaire. Son vol était plus haut.

Son esprit, à la fois très précis, très méthodique et très coordinateur, allait naturellement aux idées générales, aux thèses philosophiques et désintéressées. Il franchissait volontiers les frontières de la science où il était tant illustré. Aucune partie du savoir humain ne lui était étrangère. On voyait bien que le sang d'un vieux savant, réformateur et républicain, coulait dans ses veines. Sa conversation, si abondante, si variée, si suggestive, ne laissait en repos aucune des grandes questions sociales et politiques qui se posent devant nous.

Il n'est pas nécessaire de rappeler que ce libre esprit était, en politique, un libéral. C'était aussi, à un non moindre degré, un patriote. Il avait vu de près nos fautes et nos désastres sur les champs de bataille et dans les ambulances de l'armée de la Loire, qu'il avait organisées. Au-dessus de la science, dont il était un des maîtres, de l'enseignement même, dont il avait la passion et le génie, il avait placé dans son culte l'image mutilée de la patrie.

C'était une organisation multiple et puissante, pleine de contraste et d'imprévu. Sous des dehors sévères, parfois un peu raides, Ulysse Trélat cachait la bonté la plus active, la générosité la plus tendre. Ami fidèle et qui ne variait pas. Les aspérités de la surface étaient en quelque sorte les garantes de son exquise loyauté. Il se donnait à ses amis comme il se donnait à ses élèves, de la totalité de son âme aimante.

Les larmes qui coulent ici en disent plus long que tous les éloges. Vous en êtes témoins, disciples qu'il chérissait pardessus toutes choses, qu'il enseignait encore de son lit de douleur et qui avez reçu sa dernière leçon et son dernier soupir.

Puisse, ami bien cher, le concert qui s'élève de tant de cœurs brisés, apporter quelque douceur au deuil profond des âmes d'élite qui vous entouraient, à votre noble compagne, à vos enfants, au frère qui vous adoraient, à tous ceux qui portent votre illustre nom.

Adieu, mon ami, vous n'êtes pas mort tout entier. Vous vous survivrez dans vos amis, dans vos élèves, et nous vous ferons tous dans nos cœurs le plus inviolable des tombeaux.

IMP. NOIZETTE, 8, RUE CAMPAGNE-PREMIÈRE, PARIS

PARIS

IMPRIMERIE DE LA SOCIÉTÉ DE TYPOGRAPHIE

NOIZETTE, DIRECTEUR

8, rue Campagne Première, 8

www.ingramcontent.com/pod-product-compliance
Lightning Source LLC
Chambersburg PA
CBHW051331060726

47596CB00004B/1565